NOTICE HISTORIQUE

SUR

M. L'ABBÉ VERNERET,

CURÉ DE GRAY,

PAR UN DE SES VICAIRES.

SE VEND

AU PROFIT DE L'ÉCOLE CHRÉTIENNE DE GRAY.

—

1849.

Besançon, imprimerie de J. JACQUIN.

NOTICE HISTORIQUE
SUR M. L'ABBÉ VERNERET,
CURÉ DE GRAY.

Jean-François Verneret, curé de Gray, naquit à Mercey-sur-Saône, en 1797. Son père, qui était sous-lieutenant au 25e régiment de cavalerie, avait gagné en cinq ans l'épaulette et le sabre d'honneur. Jeune, hardi, intelligent, ce soldat de fortune se serait élevé sans doute aux grades les plus distingués, mais la mort l'enleva bientôt à sa famille et aux armées de la République. Il laissa une veuve sans ressources et un fils au berceau.

Un revers ne vient jamais seul. Le petit orphelin fut atteint d'une maladie longue et cruelle qui mit ses jours en danger. Sa mère craignait moins de le perdre que de le voir réduit à l'impossibilité de gagner sa vie. Elle pria beaucoup, et le malade fut sauvé sans avoir contracté aucune des infirmités que l'on redoutait pour lui. Mme Verneret songea dès lors à pourvoir à ses propres besoins et à procurer à son fils les bienfaits de l'éducation. Son ambition était modeste : elle ne souhaitait pour elle que le pain qui suffit au jour, pour son enfant que l'humble carrière d'un honnête ouvrier. Elle prit une résolution énergique, quitta sa famille et emmena son fils à Paris, où elle espérait que ses vues se réaliseraient plus facilement. Là elle vécut avec lui du travail de ses mains. Sa piété croissait avec ses malheurs, et son courage avec sa piété. En ménageant à l'enfant mille douceurs qu'elle se refusait à elle-même, elle eut cependant assez de force et d'autorité pour lui inspirer de bonne heure le désir et l'amour du travail. A peine eut-il fait sa première communion qu'elle le plaça en apprentissage chez un tourneur en ivoire. Deux ans lui suffirent pour apprendre ce métier; cependant son grand-père le rappela auprès de lui et il revint à Mercey pour échanger la condition d'ouvrier contre celle de cultivateur.

Ce n'était pas là sa vocation. Doué d'un esprit vif et pénétrant, simple et pur dans ses mœurs, ardent et éclairé dans sa foi, le jeune Verneret tournait ses regards vers le sanctuaire; mais il n'osait confier à personne l'expression de ses pieux désirs. Les temps étaient difficiles; les subsistances hors de prix et les alliés qui venaient de passer dans la province laissaient aux habitants des campagnes de grandes pertes à réparer. Le pain manquait aux pauvres et les riches l'achetaient presque au poids de l'or. Dans une crise si affreuse, M. Tramoy, de Gray, sut à force d'activité et d'intelligence sauver nos contrées de la famine. Ses moulins rappelaient, en quelque sorte, les greniers d'Egypte : la foule qui s'y pressait était si grande que l'on fut obligé d'établir des gardes pour favoriser l'entrée et la sortie des acheteurs, en les faisant passer chacun à son tour. Mme Verneret avait conservé avec soin une pièce d'or, dernier fruit d'une longue et pénible économie. Il fallut s'en défaire, tant les besoins étaient devenus impérieux. Elle la remit à son fils et l'envoya à Gray, pour échanger cette modique épargne contre un petit sac de farine. La physionomie ouverte et franche du jeune homme plut au riche meunier : « Sois sage, » lui dit-il, et tu feras ton chemin. » On croirait qu'il eût deviné en lui le futur titulaire de la cure de Gray. Trois mois après, le pauvre paysan de Mercey prenait, sans le savoir, le chemin qui devait le conduire un jour à ce poste si honorable. Il se rendait au séminaire de Luxeuil, aussi léger de science que d'argent, et ayant déjà atteint sa vingtième année.

M. l'abbé Faivre, curé de Beaujeu, l'avait aidé de sa bourse et de ses conseils; M. l'abbé Brésard, supérieur du petit séminaire de Luxeuil, se montra plus généreux encore, et l'avenir du jeune étudiant fut assuré. On grandit vite à l'école de l'adversité et de la vertu. M. Verneret apprit en deux ans ce qui demande d'ordinaire huit années d'une application soutenue. Grâce aux leçons de M. Guerrin, qui lui enseigna la rhétorique, il joignit bientôt à une étude approfondie de la langue latine des connaissances assez étendues en littérature et en histoire; tant il est vrai que, si la bonne volonté seconde l'intelligence, tout devient facile au maître et possible à l'élève. En 1819, il avait achevé sa philosophie, non sans remporter plus d'une victoire dans ces combats de l'esprit qui terminent les travaux de l'année scolaire, et il venait s'asseoir avec MM. Jacquerey, Guilley, Pourny, Garessus, ses émules et ses amis, sur les bancs du séminaire de Besançon, où l'on comptait encore plus de quatre cents élèves. Une conception prompte, un jugement sain, une parole abondante et facile, un style correct, clair et précis, le firent remarquer dès le commencement de ses études théologiques. Tant de qualités, si rares dans un jeune homme qui venait de quitter la charrue, frappèrent surtout M. l'abbé Gousset. En appréciateur habile du mérite naissant, il ne négligea rien pour développer ces heureuses dispositions, car il n'ignorait pas que les encouragements profitent à la vertu aussi bien qu'à la science, à l'ecclésiastique comme à l'homme du monde. Ainsi, lorsqu'on ouvrit une salle de répétition en faveur des commençants, deux élèves furent chargés de la présider alternativement. M. Verneret enseigna le dogme, et

M. Brésard la morale. Cette distinction flatteuse ne déplut à personne : celui qui mérite une place dans l'estime d'un supérieur judicieux et savant est presque toujours placé plus haut dans l'affection de ses condisciples.

Elève et maître tout ensemble, M. Verneret remplissait avec autant de succès que d'exactitude des devoirs si différents ; mais sa santé s'altéra, il fallut se résigner au repos. On l'envoya chez M. de Tinseau, pour y exercer, en réparant ses forces, les modestes fonctions de précepteur. Enfin, l'heure de l'ordination arriva pour lui. Il avait reçu de M. de Pressigny la tonsure et les ordres mineurs en 1821 ; M. de Villefrancon l'ordonna sous-diacre le 15 mars 1823, diacre le 24 mai, prêtre le 20 septembre de la même année, et le nomma aussitôt vicaire à Saint-Pierre de Besançon. Il remplaçait M. Doney et il eut M. Cart pour successeur. M. Griffon devint plus tard son collègue ; dire qu'il est demeuré son meilleur ami, c'est rappeler aux prêtres qui les connaissent l'un et l'autre, le touchant exemple de l'affection la plus vive et de la confiance la plus cordiale. Après trois ans de vicariat, M. l'abbé Verneret, d'abord destiné à la cure de Chantrans, fut appelé à celle de Seey-sur-Saône. Ouvrier, laboureur, séminariste, vicaire, il avait fait, jeune encore, dans des conditions bien variées, un apprentissage complet de l'expérience et de la vertu. Il était temps de les mettre à profit, car la moitié de sa carrière était déjà parcourue.

Scey-sur-Saône reçut son nouveau pasteur au mois d'octobre 1826. Cette paroisse, dont la population s'élève à 3,000 habitants et dont l'étendue comprend plusieurs communes, offrait un vaste aliment au talent et au zèle du jeune curé. Il succédait à un vieillard d'une bienveillance extrême, mais d'un caractère affaibli par les ans et par la maladie. L'âge de M. Verneret ne parut pas aux habitants du lieu d'un favorable augure pour le succès de son ministère. On se plaignit, comme c'est l'usage parmi les prudents du siècle, et le curé répondit en plaisantant *que la jeunesse est un défaut dont on se corrige tous les jours, même sans le vouloir*. Cette gaieté désarma la critique, en même temps que sa bonté attirait les cœurs et que ses instructions éclairaient les esprits. M. Verneret était l'un des premiers confesseurs formés, dans le diocèse de Besançon, à l'école de saint Alphonse de Liguori. Il s'efforça de répandre et d'appliquer les principes si larges et si solides que ce grand théologien a exposés dans ses ouvrages. Des fruits de salut et de bénédiction justifièrent cet essai ; la paroisse changea de face en quelques années, et la réputation du curé de Scey-sur-Saône commença à se répandre dans le voisinage. En méritant l'affection de son troupeau, M. Verneret avait gagné l'estime et la confiance de

ses confrères. Les plus anciens le traitaient comme
un ami, les plus jeunes comme un père; tous le re-
gardaient comme un modèle. Sa complaisance égalait son talent, on ne l'ignorait pas et on la mettait
à l'épreuve avec une indiscrétion qui ne peut être
excusée que par le désir de faire le bien. Pendant
quatorze ans, on ne célébra pas dans le canton une
seule cérémonie qu'il ne l'embellit en la présidant;
on n'y planta pas une croix qu'il n'instruisit les
peuples sur les mérites et la vertu de cet arbre sacré; on n'y construisit ni églises, ni cimetières, ni
presbytères, qu'il n'apportât, avec autant de succès
que de bonne volonté, l'appui de son influence,
l'autorité de ses conseils et le tribut de sa parole in-
sinuante et persuasive. Toujours heureux de rendre
service, il était l'orateur de toutes les circonstances
extraordinaires et imprévues, où les dons de l'esprit
et les qualités du cœur sont également nécessaires.
Peu d'hommes s'expriment avec autant de pureté et
d'aisance. Simple sans bassesse, noble sans apprêts,
il suppléait aux mouvements oratoires par la dignité
du geste, à la couleur du style par la convenance
du débit. Son habileté en affaires était plus remar-
quable encore. Il avait ce coup d'œil rapide et sûr
qui saisit une question et qui l'éclaire aussitôt; ce
tact si rare et si précieux qui tranche un différend
entre deux parties à la satisfaction de chacune d'elles.
La droiture d'intention et la rectitude de jugement

étaient les traits saillants de son caractère. Ils justi-
fient assez la confiance dont l'administration l'ho-
nora, et expliquent les succès qui couronnèrent
toutes ses démarches.

Il était dans la destinée de M. Verneret de défri-
cher plutôt que de recueillir, partout où il portait le
poids du jour et de la chaleur. L'église de Gray
perdit son curé en 1840, mais depuis longtemps
M. Guillot n'avait conservé rien d'entier que son
cœur, et les efforts des vicaires qui le suppléèrent
successivement dans ses fonctions, faisaient pres-
sentir tout ce qu'on devait attendre d'un pasteur qui
joindrait au même zèle et au même talent l'autorité
d'un âge plus mûr et d'un titre plus durable. A la
mort de M. Guillot, tous les regards se tournèrent
sur M. Verneret; le clergé prit en quelque sorte
l'initiative et le désigna d'une voix unanime aux
suffrages de l'autorité ecclésiastique. En réalisant ce
vœu, Mgr l'archevêque fit un égal honneur à ses propres lumières et au discernement de l'opinion. M.
Verneret était le dernier à s'y attendre, comme il fut
le seul à s'en étonner et à s'en plaindre. Il n'avait
accepté qu'avec une extrême répugnance, il récla-
ma après sa présentation. Mgr l'archevêque calma
ses inquiétudes et maintint la décision qu'il avait
prise. Enfin, le nouveau curé de Gray fut installé
le 13 octobre 1840, par les soins de M. Guerrin,
vicaire général du diocèse.

Telle était la défiance avec laquelle il s'était résigné à cette tâche, qu'il sembla dans les commencements la remplir avec plus d'ennuis que de consolation. Il supposait dans les autres toutes les lumières dont il croyait manquer lui-même. Sensible aux éloges, il en rapportait à Dieu l'hommage et la gloire ; plus sensible encore aux humiliations et aux rebuts, il les subissait sans se plaindre et ne les rappelait que pour s'abaisser à ses propres yeux. De pareilles vertus n'attirent pas d'abord les regards des hommes. Il faut l'avouer, les gens qui jugent sur les apparences prirent quelquefois sa gêne pour de la froideur ; on le croyait fier parce qu'il était timide, vif et brusque, parce qu'il était impressionnable. Ses confrères, avec qui il se trouvait plus à l'aise, et qui le connaissaient mieux, s'étonnaient de ces préventions. Sa bourse, sa table et son cœur leur étaient toujours ouverts. Généreux sans recherche, affable sans familiarité, communicatif sans indiscrétion, il avait réuni chez lui les jouissances intimes de la famille aux agréments d'une société bien choisie. Cependant, les préventions s'effacèrent peu à peu, tous les nuages disparurent : en connaissant mieux l'homme privé, on apprécia enfin l'homme public, et M. Verneret eut lieu d'espérer que son ministère ne serait pas infructueux.

Trois grands devoirs partageaient son temps : instruire, prier et faire l'aumône. Il fonda et dirigea

lui-même un catéchisme de persévérauce, établit l'u-
sage de prêcher chaque dimanche, et après avoir
fourni lui seul, pendant le carême de 1841, une sta-
tion tout entière, il continua dans le cours des années
suivantes cette œuvre éminemmeut utile, soit avec la
collaboration des prêtres de la paroisse, soit avec
l'aide d'un missionnaire étranger. Sa piété n'était ni
austère ni minutieuse. Douce et tempérée comme la
sagesse même, elle avait surtout pour objet le culte de
la sainte Vierge, qui se recommande dans notre ville
par tant de souvenirs, de bienfaits et de miracles.
Pour ajouter encore aux gloires de Notre-Dame de
Gray, il sollicita et obtint, en faveur de cet antique
sanctuaire, l'érection d'une archiconfrérie qui fut af-
filiée à celle de Notre-Dame des Victoires. La prière
seule ne suffit pas aux pasteurs des âmes. C'est par
elle qu'ils touchent le cœur de Dieu, mais c'est par
la charité qu'ils se concilient le cœur de l'homme.
M. Verneret institua d'abord une association de
pieuses dames qui visitaient les pauvres et les ma-
lades, s'informaient de leurs besoins et ne négli-
geaient rien pour les apaiser. Cette œuvre naissante
se changea plus tard en une société pour l'extinction
de la mendicité; M. le curé en fut l'un des fonda-
teurs les plus zélés et l'un des conseillers les plus
utiles et les plus assidus. Indépendamment de ces
aumônes publiques, il versait chaque jour des
dons abondants dans le sein des malheureux qui ve-

naient en secret implorer sa pitié. Jamais sa main gauche ne connut les bienfaits de sa main droite, Dieu seul en était témoin ; un trait servira à nous les faire deviner. En quittant Scey-sur-Saône pour prendre possession de la cure de Gray, il avait cinq francs ; c'était tout au plus le prix de sa place dans la diligence. En quittant Gray pour retourner à Dieu, il laissa la même somme qui n'aurait pas suffi à payer son cercueil.

Quelques autres travaux importants signalèrent les dernières années de son ministère. Dans sa sollicitude pour les classes indigentes, il avait demandé l'établissement d'une crèche et d'une salle d'asile, mais d'autres dépenses absorbèrent les revenus de la commune, il fallut attendre des jours meilleurs. Cependant l'urgence du besoin ne permettait guère d'en différer le remède ; les petits enfants, qui n'avaient pas d'autre refuge que l'école chrétienne, y étaient entassés dans des salles basses, étroites et malsaines. On conçut le projet d'acheter un bâtiment voisin et d'agrandir le jardin et les dépendances. Une souscription s'ouvrit sous le patronage de M. Verneret ; les riches donnèrent un peu de leur superflu, les pauvres donnèrent beaucoup de leur nécessaire, et l'acquisition fut consommée.

A l'exemple de l'apôtre qui se faisait tout à tous, M. le curé acceptait tous les rôles qu'il pouvait remplir. Dans l'intérêt des pauvres, il était devenu mendiant ; le lendemain il pâlissait sur des livres et devenait amateur d'architecture pour la plus grande gloire de Dieu. Il voulait restaurer son église.

Cet édifice, commencé vers 1480 , cent fois interrompu et continué cent fois sous des maîtres divers et dans des vues opposées, n'avait pas moins à se plaindre de l'ignorance des hommes que de l'injure des ans. Sans parler des mutilations déjà anciennes, dont la responsabilité appartient à un autre âge, notre siècle n'avait pas été plus heureux ni à édifier ni à détruire, toutes les fois qu'il avait touché à ce beau monument. L'élégante et riche galerie que deux anges semblaient élever dans leurs mains au-dessus de la porte principale, avait disparu depuis quelques années, et, par une triste compensation, on avait coupé plus tard les bras du transeps à la hauteur des basses nefs, en construisant deux tribunes d'un mauvais goût que l'exiguité du local peut excuser, mais que l'art ne saurait absoudre. M. Verneret avait concouru à ce dernier et déplorable ouvrage. Il reconnut sa méprise, se mit à étudier le style gothique avec la facilité et l'ardeur d'un jeune homme, et proposa enfin au conseil de fabrique de confier la restauration de l'église à un architecte habile, dont les plans conçus et dressés avec ensemble seraient mis à exécution au fur et à mesure que les ressources le permettraient. M. Baille fut chargé de la direction des travaux. Après divers ouvrages de consolidation et d'entretien, il rouvrit, à la hauteur du retable, les cinq fenêtres qui décorent l'abside. Quatre d'entre elles n'offraient plus de traces de leur caractère primitif. Elles furent partagées de nouveau en deux compartiments par un meneau prismatique, couronnées de trèfles flamboyants et garnies de verrières peintes. La croisée du fond n'avait subi aucune mutilation. En démolissant les matériaux qui la muraient, on vit apparaître dans ses meneaux, ses sculptures et ses figurines, comme une page de l'Ecriture : elle représente la généalogie de la Sainte Vierge. Cet arbre mystérieux, dont le pied est soutenu par un ange foulant un démon enchaîné, s'élève en rameaux qui se croisent, se succèdent et offrent, en relief, selon l'ordre des temps, les principaux ancêtres de Jésus-Christ, jusqu'au sommet où s'épanouit, entre deux anges, la rose de Jessé, déjà fécondée par le souffle de Dieu, Marie tenant dans ses bras l'enfant Jésus.

M. le curé s'enthousiasmait de ces découvertes avec la vivacité d'un artiste. Il s'estimait trois fois heureux d'avoir fait quelque chose pour l'honneur du lieu saint, pour la gloire des beaux-arts et pour l'utilité des ouvriers. Son ambition était de poursuivre et d'achever une tâche dans laquelle tant d'intérêts se trouvaient engagés, mais la mort lui enleva cette douce récompense. Partout il devait semer dans les fatigues ou dans les larmes, laissant à d'autres le soin de moissonner dans la joie.

Ce fut au milieu de ces travaux d'art et de charité que la révolution de février vint le surprendre. S'il voyait de trop haut la misère humaine pour s'étonner d'aucun excès, il n'ignorait pas non plus que, dans les jours de trouble et de désordre, l'audace n'a pas de complice plus sûr que la peur. Il voulut conjurer les plus hardis et rassurer les plus timides. Ce rôle était difficile, quoique sa vie tout entière l'eût si bien préparé à le remplir, et qu'il y parût comme dans son naturel. En invitant à la confiance ses paroissiens, ses amis, ses confrères, il exprimait plutôt un désir sincère qu'une conviction profonde. L'espérance souriait toujours sur ses lèvres, mais plus d'une fois la crainte, le regret, la douleur, se disputèrent, comme une proie vivante, son cœur si droit et si aimant. Quel est le Français qui n'a rougi de honte et frémi d'horreur au récit de nos discordes et de nos combats? quel est le prêtre qui n'a pleuré sur le martyre de l'archevêque de Paris, sur la captivité de l'évêque de Genève et sur l'exil de Pie IX? C'était seulement dans les libres épanchements de l'amitié que M. le curé de Gray laissait voir le fond de son âme. Ses appréhensions et ses sympathies se taisaient en face des partis. Père et pasteur de tous, il les aimait tous également, plaignant les uns et faisant des vœux pour les autres,

séparant, par une distinction tout évangélique, le
pécheur du péché, condamnant les préjugés et le
mensonge, mais témoignant à leurs fauteurs cette
patience, cette douceur, cette charité qui désarme du
moins ceux qu'elle ne peut ramener. La prudence,
poussée jusqu'à l'héroïsme, n'était pas de trop dans
une ville qui eut ses jours d'agitation et de vertige.
M. le curé sauva sa paroisse, mais il compromit sa
santé sans retour.

Jamais un homme sensible ne comprime impuné-
ment ses émotions. M. Verneret en offrit un nouvel
exemple. Une maladie de cœur se manifesta chez lui
par les symptômes les plus fâcheux. Ses traits s'al-
térèrent, sa voix s'affaiblit, une oppression presque
continue s'empara de sa poitrine. On le pressa de
renoncer aux pénibles fonctions de son ministère :
il parut céder à-demi, mais en abandonnant une
partie de la tâche pastorale, il remplissait l'autre avec
plus d'ardeur, et il portait au tribunal de la réconci-
liation tout le zèle qu'il avait partagé autrefois entre
le confessionnal et la chaire. Le premier jour de l'an,
il ne put résister au désir d'annoncer encore une fois
la parole sainte. « Il y a vingt-trois ans, disait-il,
» que je souhaite une bonne année à mes parois-
» siens, c'est le devoir d'un curé, je ne veux pas y
» manquer aujourd'hui. » Son allocution remua pro-
fondément l'auditoire. Elle ne respirait que la paix,
la confiance et l'amour. C'était son discours d'adieu,

touchant commentaire de ces paroles qu'il avait em-
pruntées à saint Jean, son patron et son modèle :
« Aimez-vous les uns les autres. »

M. le curé de Gray était le dernier à s'apercevoir
des progrès d'un mal qui causait déjà à sa famille, à
sa paroisse et au diocèse tout entier, les plus vives
alarmes. A mesure que son corps s'affaissait davantage, son esprit, qui avait paru d'abord un peu ac-
cablé, reprenait sa netteté et sa vigueur. Tantôt il
écrivait au P. Lacordaire : « Votre éloquence et
» votre zèle ne seraient pas de trop dans ma paroisse,
» mais si je n'ose vous offrir un théâtre si peu digne
» de vous, je vous demande, en toute confiance, un
» prédicateur capable de nous rappeler votre mérite
» et vos vertus, » et l'illustre Dominicain promit
d'envoyer à Gray, pour le prochain avent, un des
pères les plus distingués de sa compagnie. Tantôt il
organisait une loterie au profit de l'établissement des
Frères, et le résultat de cette œuvre, qui n'avait
d'autre appui que son nom, dépassa toutes les espé-
rances. On accueillit, coup sur coup, avec le même
empressement, deux quêtes successives en faveur de
Pie IX et des enfants pauvres de la première communion. Ces bonnes nouvelles comblaient de joie
notre cher malade. Il s'écriait en pleurant : « Mes
» paroissiens sont admirables de bienveillance et de
» générosité. Pour obtenir, il suffit de demander. »

Quelques jours après, une hydropisie vint compliquer la gravité du mal et mettre en défaut toutes les ressources de l'art. M. Verneret continuait à réciter l'office divin. Ses yeux, à-demi voilés par les ombres d'une mort prochaine, se reposaient encore avec délice sur les pages du texte sacré, et sa langue, qui semblait embarrassée dans le commerce des hommes, retrouvait, pour s'entretenir avec Dieu, sa flexibilité naturelle. Le bréviaire était son unique consolation. En y renonçant par obéissance, il fit le dernier et le plus cruel de tous les sacrifices.

La première communion avait été fixée au 25 mars, dimanche de la Passion. La retraite préparatoire s'ouvrit sous l'impression des plus tristes pressentiments, car l'état du malade ne laissait plus d'espoir et l'agonie avait déjà commencé. Rien ne put altérer la sérénité de son visage ni l'affabilité de ses paroles. Aucune plainte, aucun murmure n'échappa de sa bouche; aucun mouvement d'impatience ne se trahit dans son corps déchiré et couvert de plaies. Il ne se dissimulait pas que la couche de ses douleurs allait se changer bientôt en un lit funèbre, il demanda lui-même les sacrements de l'Eglise et témoigna le désir de les recevoir en présence de toutes les communautés religieuses de la paroisse, avec l'appareil d'une cérémonie publique. Mais les crises horribles qu'il essuya dans la nuit suivante, ne lui permirent pas d'attendre davantage. Il devança l'heure indiquée, fit appeler ses vicaires, et se recueillit en se plaignant qu'il manquait de piété. Jamais scrupule n'eut moins de fondement. On ne saurait dire combien sa foi parut vive et sa résignation admirable. Lorsque le Saint-Sacrement entra dans sa chambre, il commença lui-même la cérémonie en prononçant ces belles paroles par lesquelles l'Eglise salue et bénit la maison que Dieu vient visiter : *Hodie salus huic domui facta est.* Des sanglots étouffaient notre voix ; des larmes coulaient des yeux de tous les assistants, lui seul demeura calme et serein. Il répondit aux litanies d'un ton assuré, présenta lui-même ses membres aux onctions saintes, et, lorsque tout fut terminé, s'adressant aux prêtres qui l'entouraient : « Apportez-moi un » crucifix, dit-il, et fermez mes rideaux, je veux » rester seul avec le bon Dieu. » Il ajouta quelques » instants après : « Ecrivez à monseigneur l'arche- » vêque, dites-lui ma position et demandez-lui sa » bénédiction pour vous et pour moi. »

Dès lors, le vénérable pasteur ne sembla plus appartenir au monde. Sa vie se prolongea encore durant trois jours. Ce furent trois jours de souffrances plus cruelles et de prières plus ferventes. On voyait que sa conversation était déjà dans le ciel, et qu'il implorait d'avance, comme le pontife Onias, pour le peuple et pour la cité, les miséricordes du Seigneur. Il souriait d'attendrissement à la lecture des lettres affectueuses et paternelles que lui envoyait son évêqu ; il accueillait ses vicaires, ses amis, ses médecins, avec une mélancolie douce et tendre qui exprimait plutôt un adieu à la terre qu'un regret de la quitter; il prenait le plus vif intérêt aux détails de la première communion, et recommandait instamment que l'on donnât de sa part des cierges à tous les enfants pauvres. Un d'entre eux disait, quelques heures avant cette grande action : « Mon- » sieur le curé ne veut pas mourir aujourd'hui, » à cause de nous; il attendra à demain. » Il semblait, en effet, qu'il eût consenti à vivre encore un jour pour ne pas attrister par les pompes de la mort une cérémonie si auguste et si touchante. On eût dit que le sentiment de l'affection pastorale était assez fort pour retenir à son gré le souffle de la vie, près d'échapper à ses lèvres mourantes, et que l'Ange du départ, debout au chevet du vénérable agonisant, attendait, pour délier cette belle âme, qu'elle pût emporter sur ses ailes les vœux, les ré- solutions et les larmes des jeunes communiants. A dix heures du soir, sa présence d'esprit parut l'abandonner, mais le lendemain il recouvra con- naissance comme pour se préparer immédiatement à la mort. Les yeux fixés sur le crucifix, les mains jointes, la bouche souriante, il récita le *Credo* et les actes de foi, d'espérance et de charité, demanda lui-même l'indulgence plénière, et, après nous avoir dit adieu du regard le plus tendre, il mourut comme d'autres s'endorment, dans la 52e année de son âge, le 26 mars 1849, à huit heures du matin. C'était le moment où le prêtre montait à l'autel pour célébrer les saints mystères en actions de grâces de la première communion.

M. Verneret mourut comme un ecclésiastique doit mourir, sans argent et sans dettes. Deux mois auparavant, une tante qui avait été pour lui une seconde mère, lui avait légué un modique héritage. Le temps ne lui permit pas de le dépenser en bonnes œuvres; il le partagea, par dispositions testamentaires, entre les domestiques fidèles qui servaient le bureau de bienfaisance de Gray et les églises de Gray et de Mercey.

La justice de l'homme ne se rencontre guère avec celle de Dieu que sur le seuil de la tombe. On reconnut cette vérité en perdant M. Verneret. Sa longue maladie, loin d'affaiblir l'expression de l'intérêt public, avait révélé de jour en jour toutes les sympathies dont il était l'objet; ses obsèques firent éclater le respect et l'admiration qu'il avait su commander. A peine eut-il été revêtu des habits sacerdotaux et exposé sur un lit de parade, que la foule, dont on ne pouvait plus contenir la légitime impatience, s'empressa autour de sa dépouille mortelle. On vit les protestants et les juifs disputer aux catholiques l'entrée de la chapelle ardente, s'agenouiller à l'aspect du défunt et répandre l'eau sainte à ses pieds, en contemplant avec une douloureuse vénération ces traits chéris où la douceur respirait encore. Ce spectacle dura deux jours; le 27 eut lieu la cérémonie de l'enterrement. Mgr l'archevêque avait exprimé le regret de ne pouvoir la présider lui-même. Il délégua M. l'abbé Guerrin, son vicaire-général, qui célébra le saint sacrifice de la messe et adressa à l'assemblée quelques mots nobles et touchants. En abordant la chaire où il était monté huit ans auparavant pour installer M. Verneret, il ne put se rappeler sans émotion un rapprochement si triste et si inattendu. Tous les sentiments étaient à l'unisson : il pleurait un élève, nous pleurions un pasteur; notre douleur était la sienne, ses paroles eussent été celles de tous. Après l'absoute, le cortége s'organisa et prit le chemin du cimetière. Les confréries, les écoles, les pensionnats, ouvraient la marche funèbre. On voyait ensuite, sous la croix processionnelle, les tambours dont les sombres roulements se mêlaient par intervalles au glas des cloches et aux accents voilés des trompettes, le corps des musiciens qui répondait aux chants de l'église par des airs lugubres; enfin, de nombreux détachements de la garde nationale et de la garnison formaient autour du mort un cortége d'honneur. Soixante-cinq prêtres précédaient le cercueil, sur lequel apparaissaient un surplis et une étole, insignes de la dignité pastorale. Le deuil était conduit par les vicaires, les fabriciens et les parents du défunt. Derrière eux venaient le sous-préfet, le maire accompagné de ses adjoints et suivi du conseil municipal, les membres des tribunaux d'instance et de commerce, les deux corps d'officiers, les principaux fonctionnaires de chaque administration, et une foule innombrable de fidèles, sans distinction d'âge, d'opinion ou de rang : tous animés des mêmes pensées, recueillis dans la même douleur et réunis sans étonnement, pour déplorer ensemble une perte si publique. C'était moins un deuil qu'un triomphe, moins un regret qu'un sublime et magnifique espoir. Le sentiment de l'immortalité se faisait jour, en quelque sorte, à travers les ombres de la mort, et on ne pouvait se défendre de croire que l'âme du défunt, invisible et présente tout à la fois, fût émue, consolée, réjouie, par une manifestation dont la spontanéité égalait la splendeur.

On ne saurait dire à qui cette fête fait le plus d'honneur, ou à la paroisse qui la décerne, ou au pasteur qui la mérite. Ce double souvenir, si cher à tant de cœurs, sauvera peut-être de l'oubli les pages qui le consacrent. Pour nous, en les retraçant, nous avons satisfait à une triple obligation. Nous les devions à la ville comme remerciements, au clergé comme exemple, à nous-même comme témoignage d'une affection qui n'avait pas de bornes et d'un regret qui n'aura pas de fin.

FIN.

www.ingramcontent.com/pod-product-compliance
Lightning Source LLC
Chambersburg PA
CBHW051401060726
47596CB00005B/2019